Christa Söder-Wagenhäuser

Lustige Hüte und Perücken

FALKEN

In dieser Reihe sind unter anderem folgende Titel erschienen:
„Basteln mit Papiermaché" (Nr. 5234)
„Fensterbilder" (Nr. 5223)
„Kneten und Modellieren" (Nr. 5217)
„Tierlaternen" (Nr. 5233)

Die Deutsche Bibliothek – CIP-Einheitsaufnahme

Lustige Hüte und Perücken / Christa Söder-Wagenhauser. –
Niedernhausen/Ts. : FALKEN, 1991
(Schönes Hobby : Kinder)
ISBN 3-8068-5236-7

ISBN 3 8068 5236 7

Hamstermotiv: Hartmut Dietrich, Wiesbaden
Titelbild: Studio Team GmbH, Wolfgang Zöltsch, Langen
Fotos: Klaus Prior, Wiesbaden
Zeichnungen: Daniela Schneider, Frankfurt
Reinzeichnungen des Vorlagebogens: Ulrike Hoffmann, Bodenheim
Die Ratschläge in diesem Buch sind von der Autorin und vom Verlag sorgfältig erwogen und geprüft, dennoch kann eine Garantie nicht übernommen werden. Eine Haftung der Autorin bzw. des Verlags und seiner Beauftragten für Personen-, Sach- und Vermögensschäden ist ausgeschlossen.
Satz: Publishing 2000, Angela Fromm, Idstein
Druck: U. E. Sebald GmbH, Nürnberg

817 2635 4453 6271

Inhalt

Was du alles brauchst

Für alle im Buch gezeigten Hüte und Perücken bekommst du das Material in Bastelgeschäften, Kaufhäusern oder Schreibwarenläden.

Für die Grundformen brauchst du Tonpapier, Foto- oder Tonkarton. Tonpapier ist leicht zu schneiden und läßt sich einfach biegen. Foto- und Tonkarton ist fester und sehr stabil.

Buntpapier erkennst du an seiner glänzenden Farbe und der weißen Rückseite. Es ist wie das Tonpapier als Bastelmappe mit verschiedenen Farben zu bekommen.

Außerdem brauchst du noch glänzende Silber- oder Goldfolie, Kreppapier, Ramiband, Tüll- und Kräuselband. Mit Gummiband werden die Hüte zum Schluß befestigt. Die Wolken für den Sonnenhut sind aus Watte.

Für die Blüten im Märchenspiel brauchst du noch grüne Pfeifenputzer als Blumenstiele.

Stelle dir noch folgende Sachen bereit: 1 Hefter mit Klammern, 1 weichen Bleistift, 1 Lineal, Buntstifte, Filzstifte, 1 Bastelschere oder 1 Papierschere und Alleskleber.

Zum Abpausen nimmst du entweder Pergamentpapier aus dem Schreibwarengeschäft, oder du bittest deine Mutti um Butterbrotpapier von der Rolle. Für die Schablonen sammelst du Verpackungspappe. Jetzt brauchst du noch 1 Wollfaden und 1 Reißnagel zum Zeichnen des Spitzhutes. 1 Kuchenteller, 1 großen flachen Teller, 1 Einmarkstück und 1 Fünfmarkstück von deinem Taschengeld benötigst du zum Zeichnen von unterschiedlich großen Kreisen.

Viele Sachen, die du als
Werkzeug brauchst, hast du
bestimmt schon zu Hause.

Blumenkinder

Willst du dich in ein Blumenkind verwandeln? Richtig lustig schaust du aus, wenn dein Gesicht zur Blume wird! Bastle dir einen Kranz mit vielen bunten Blüten. So befestigst du ihn: Zwicke mit einem Locher 2 gegenüberliegende Löcher in den ausgeschnittenen Kranz. Nimm Gummiband und schneide soviel ab, wie von einem Ohr zum anderen geht. Ziehe jeweils 1 Ende durch 1 Loch und knote es fest.

Abpausen geht so:

Lege Pergamentpapier oder Butterbrotpapier auf die Vorlage. In diesem Fall ist es der Blumenkranz. Zeichne die Linien mit einem weichen Bleistift nach. Wende jetzt das Papier und lege die Zeichnung auf Tonkarton. Wenn du die Linien nun mit etwas Druck mit dem Bleistift nachfährst, drücken sie sich auf dem Karton ab. Zeichne sie noch einmal auf dem Karton nach.

1 Schneide den äußeren Umriß des Kranzes aus. Stich dann mit der Schere ein Loch in die Mitte des Kreises. Von dieser Stelle aus kannst du viel leichter den inneren Kreis ausschneiden.

2 Schneide für 1 Blüte jeweils einen 5 cm breiten und 30 cm langen Streifen Kreppapier ab. Nun schneidest du kleine Bögen oder Zacken am Rand des Streifens ein. Achte darauf, daß du ihn nur bis zur Mitte einschneidest!

3 Lege den Kreppapierstreifen in deiner Hand zur Blüte zusammen. Damit die Blüte nicht auseinanderfallen kann, zwickst du sie mit dem Hefter in der Mitte 2 mal zusammen.

4 Für 1 Kranz brauchst du mindestens 6 Blüten, die du mit dem Hefter in regelmäßigen Abständen auf dem Kranz festzwickst.

5 Für jede Blüte brauchst du 1 Kreis. Lege 1 Fünfmarkstück auf Buntpapier, male mit einem Bleistift den Umriß nach und schneide den Kreis aus.

6 Klebe dann den Kreis auf die Mitte der Blüte. So sieht man die Heftklammern nicht mehr. Sieht der Kranz nicht hübsch aus?

Sonnenhut und Regenhut

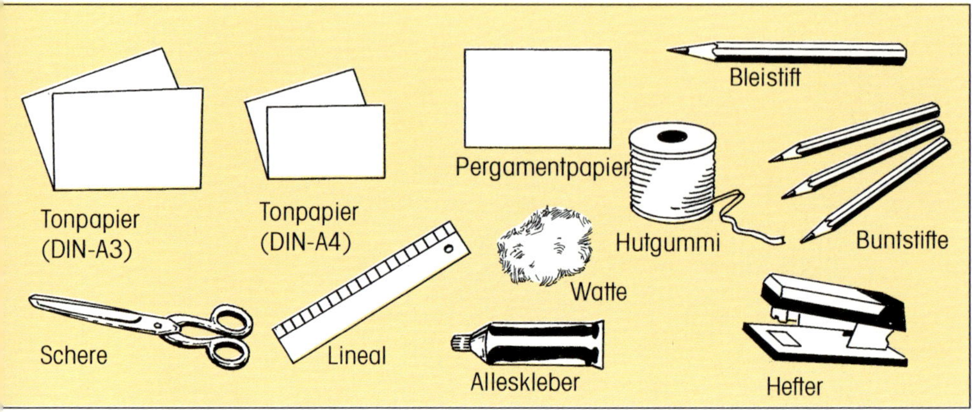

Willst du, daß es regnet oder daß die Sonne scheint? Das kannst du jetzt allein bestimmen. Es kommt nur darauf an, welchen Hut du aufsetzen möchtest.
Befestigung: Zwicke mit einem Locher 2 gegenüberliegende Löcher am unteren Rand des Hutes ein, am besten in der Mitte der langen Seiten. Schneide vom Gummiband soviel ab, wie von einem Ohr unter deinem Kinn zum anderen geht. Ziehe jeweils 1 Ende durch 1 Loch und knote es fest.

1 Lege einen DIN-A3 großen Bogen Tonpapier mit der schmalen Seite vor dich. Für den Sonnenhut nimmst du hellblaues Papier, für den Regenhut graues Papier. Falte die obere schmale Seite Ecke auf Ecke auf die untere.

2 Jetzt faltest du das Doppelblatt zur Hälfte zusammen. Streiche die Faltlinie wieder mit dem Finger nach und öffne die letzte Faltung. Nun hast du eine Mittellinie.

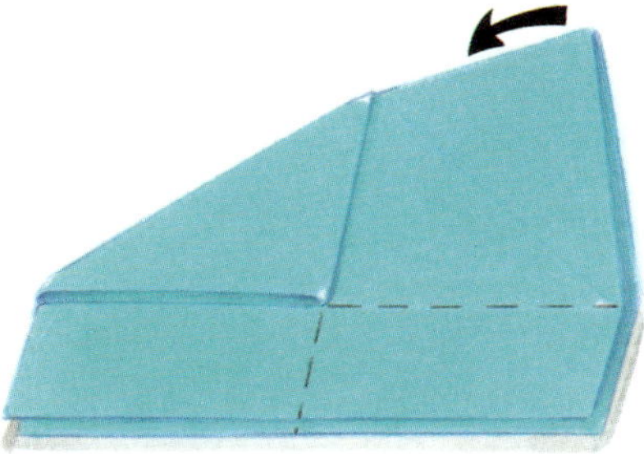

3 Beide Ecken der geschlossenen oberen Seite faltest du nun zur Mittellinie hin. 2 Dreiecke stoßen so an der Mittellinie aneinander.

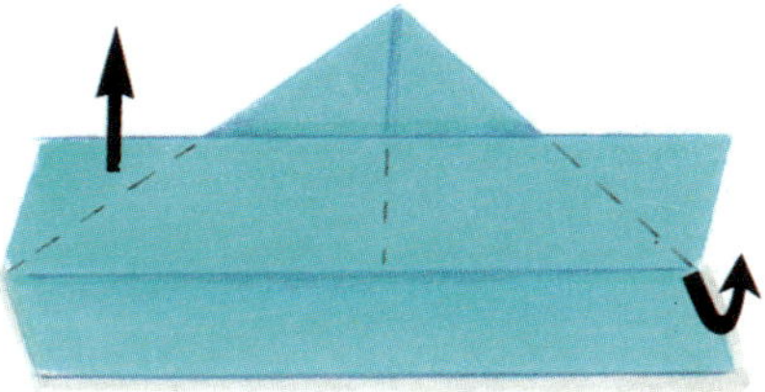

4 Falte den unten herausstehenden Streifen Tonpapier so weit wie möglich über die Dreiecke nach oben. Streiche die Faltkante glatt. Drehe die Faltarbeit um und mache dasselbe mit dem anderen Streifen.

5 Knicke erst die beiden Ecken der oberen Seite und dann die der unteren Seite um das Hutdreieck herum.

6 Ziehe jetzt den Hut auseinander und lege die beiden unteren Spitzen aufeinander. Dann zwickst du mit einem Hefter erst die oberen gefalteten Ecken, dann die unteren zusammen.

7 Für den Sonnenhut paust du vom Vorlagebogen die Sonne auf gelben Tonkarton ab und schneidest sie aus.

8 Male der Sonne mit Bunt- oder Filzstiften ein lustiges Gesicht auf.

9 Nun zwickst du die Sonne mit dem Hefter an die Spitze des Hutes. Das Sonnengesicht sollte dabei nach vorne schauen.

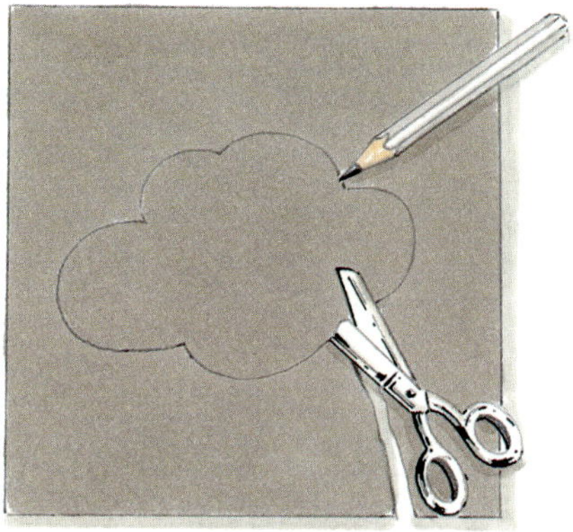

11 Für den Regenhut paust du die Wolke und viele Regentropfen auf blauen Tonkarton ab und schneidest sie aus.
Die Vorlagen findest du auf dem Bogen.

10 Aus weißer Watte zupfst du kleine Wolken und klebst sie über den Hut verteilt auf.
Die Heftklammern kannst du so auch mit Wattewolken überkleben.

12 Male der Wolke nun noch mit Bunt- oder Filzstiften ein Regen- oder Windgesicht auf.

14 Zum Schluß klebst du nun die Regentropfen über den ganzen Hut verteilt auf. Die Heftklammern kannst du mit den Tropfenformen überkleben.

Die Hüte sind fertig! Läßt du jetzt lieber die Sonne scheinen oder ganz viele Regentropfen vom Himmel fallen?

13 Zwicke das Wolkengesicht an der Hutspitze fest. Es soll wie auch die Sonne nach vorne schauen.

Marienkäfer

Krabbelt da etwas durch das Gras? 2 lustige rote Käfer mit vielen schwarzen Tupfen. Entscheide dich für den großen oder den kleinen Käfer und pause alle Teile des Käfers vom Vorlagebogen ab. Die Arbeitsschritte sind für beide Käfer gleich. Wie die Käferhüte befestigt werden, steht auf Seite 10.

1 Die Hutgrundform paust du vom Vorlagebogen auf roten Tonkarton ab. Du kannst für den großen Käfer aber auch den Umriß eines großen flachen Tellers, für den kleinen Käfer den Umriß eines Kuchentellers aufzeichnen.

2 Schneide jetzt den Kreis aus und dann einmal bis zur Mitte ein.

3 Schiebe die beiden Ecken an der Schnittstelle übereinander, so daß ein flacher Hut entsteht. Je mehr du ihn zusammen schiebst, desto spitzer wird er. Zwicke die übereinanderliegenden Ecken mit dem Hefter zusammen.

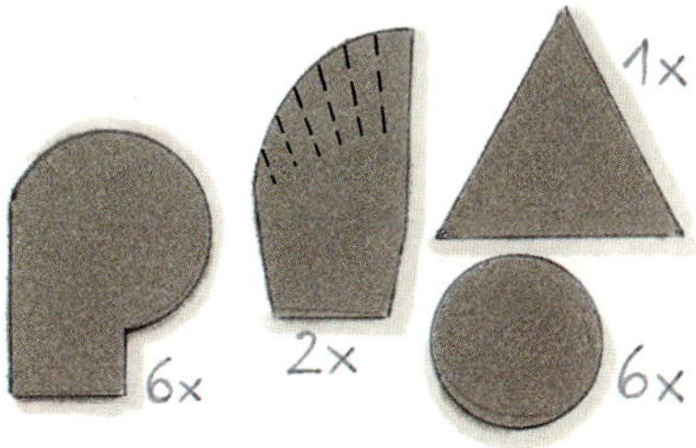

4 Pause vom Vorlagebogen alle Teile, die du für deinen Käfer brauchst, ab, und schneide sie aus: 1 Kopf und die 6 Punkte aus schwarzem Buntpapier, die 6 Beine, 2 Fühler und das Schwänzchen aus schwarzem Tonpapier. So, das ist geschafft!

5 Schneide für den kleinen Käfer einen 2 cm breiten und 20 cm langen, für den großen Käfer einen 2 cm breiten und 25 cm langen Streifen schwarzes Buntpapier aus. Setze den Streifen am Hutrand an und klebe ihn über die ganze Schnittlinie. Bevor du den Streifen weiter quer über den Hut klebst, schneidest du ihn an der Spitze links und rechts leicht ein.

6 Den Kopf klebst du so auf den Hut, daß der schwarze Streifen genau in der Mitte darunter liegt. Wenn der Kopf etwas übersteht, schneidest du ihn am Hutrand nach.

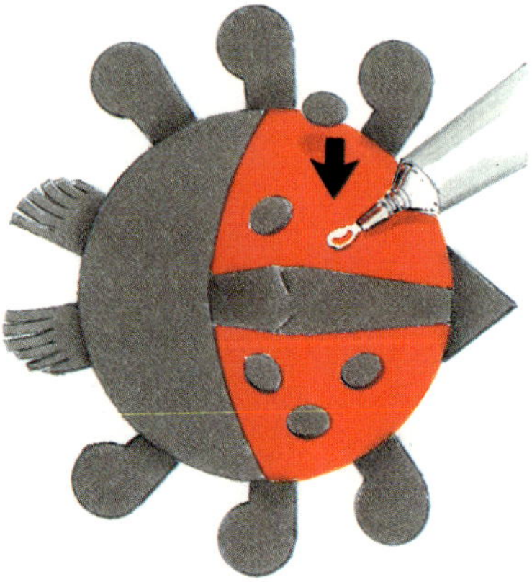

8 Nun brauchst du oben auf den Hut nur noch die schwarzen Punkte aufzukleben – fertig ist der Marienkäfer!

7 Die Beine, die Fühler und das Schwänzchen klebst du mit Alleskleber von unten an den Hut. Die Fühler schneidest du vorne noch etwas ein.

Pilou

Zaubererhut und Feenhut

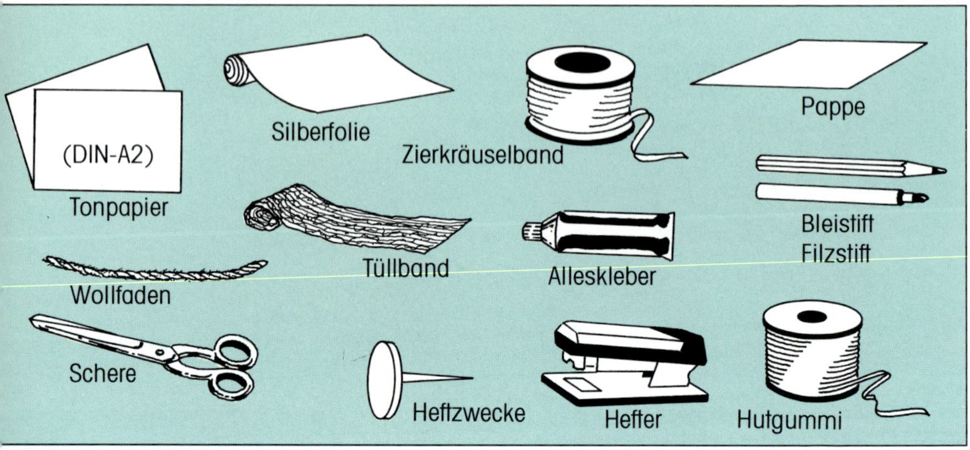

Abrakadabra und Simsalabim! Schnell gezaubert, und schon hast du den Sternenhut des großen Zauberers oder den Traumhut der Fee auf dem Kopf. Natürlich kannst du sie auch ganz anders schmücken, als du es hier siehst. Deiner Phantasie sind keine Grenzen gesetzt.
Wie du die Hüte befestigst, kannst du auf Seite 10 nachlesen.

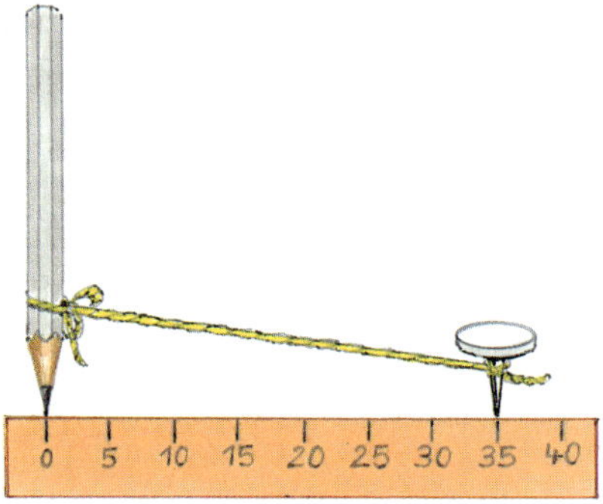

1 Nimm dir einen Wollfaden und knote ein Fadenende an einen Bleistift. Messe von dem Knoten aus 35 cm Faden ab. Die Stelle markierst du mit einem Filzstift. Mache hier nun einen Knoten und stecke eine Heftzwecke durch.

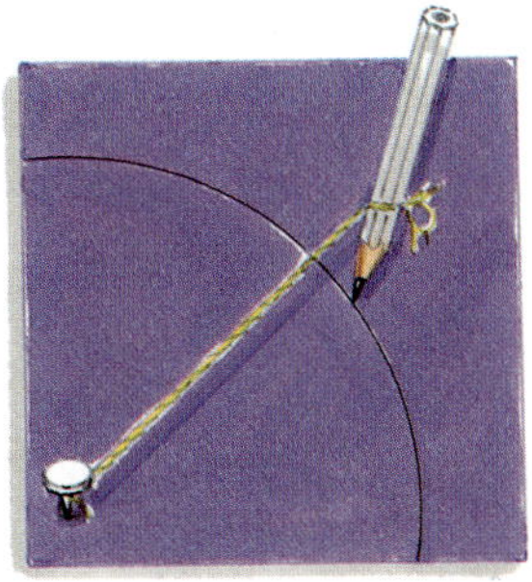

2 Lege nun einen DIN-A2 großen Bogen Tonpapier vor dich, für den Feenhut in Lila, für den Zaubererhut in Schwarz. Lege ein Stück Pappe unter eine Ecke des Papiers und stich die Heftzwecke in das Papier. Ziehe jetzt mit dem Bleistift eine Linie von einer Papierkante zur anderen.

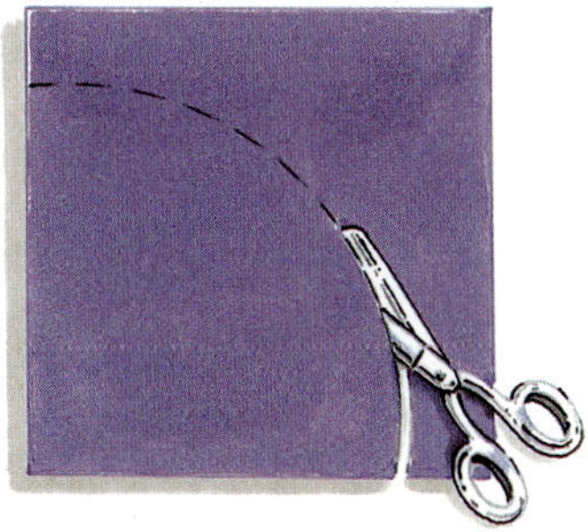

3 Schneide die gezeichnete Linie mit der Schere nach.

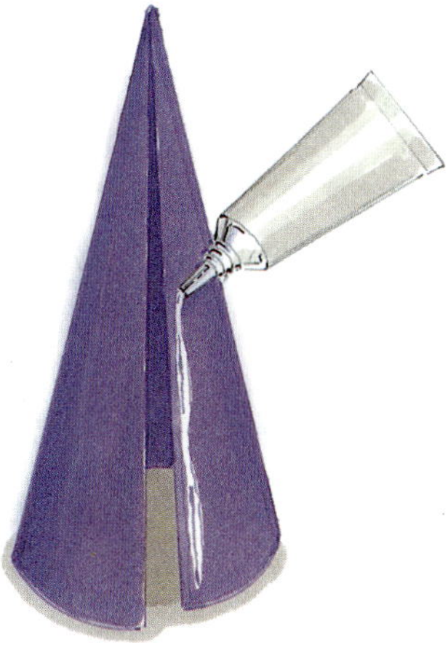

4 Forme nun eine große Papiertüte. Auf eine der langen Kanten gibst du Alleskleber und drückst die andere Kante vorsichtig, aber fest darüber.

5 Pause dir die Sterne deines Hutes vom Vorlagebogen je 1 mal als Muster auf Tonpapier ab. Mit der Schablone für den Zaubererhut malst du 11 Sterne auf gelbes Tonpapier, mit der Schablone für den Feenhut 9 Feensterne auf Silberfolie. Nun schneidest du sie aus.

6 Auf dem Zaubererhut verteilst du die Sterne, wie es dir gefällt. 2 Sterne werden an die Hutspitze geklebt. Die silbernen Feensterne klebst du am Hutrand entlang. 2 Sterne bleiben für die Hutspitze, sie werden später festgeklebt.

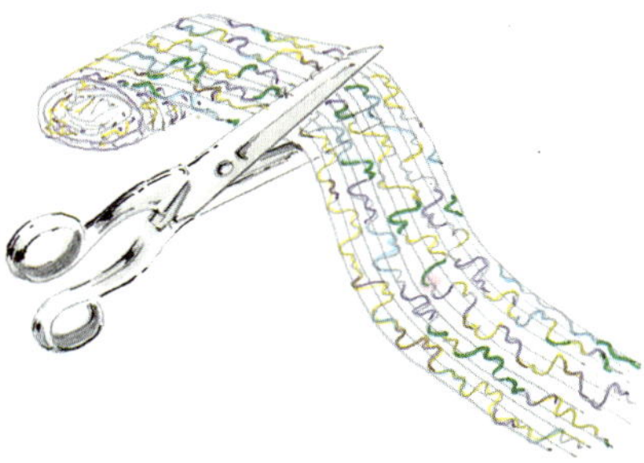

7 Nun brauchst du 150 cm langes Tüllband in Rosa oder Silber und 3 m Zierkräuselband. Schneide beide Bänder in 3 unterschiedlich lange Stücke. Das Kräuselband wird über die Schnittkante einer Schere gezogen, damit es sich kringelt. Laß dir dabei helfen.

8 Lege alle Bänder an einem Ende übereinander, hefte sie zusammen und dann an die Hutspitze. Darüber klebst du vorne und hinten jeweils 1 Stern auf.

Prinz und Prinzessin

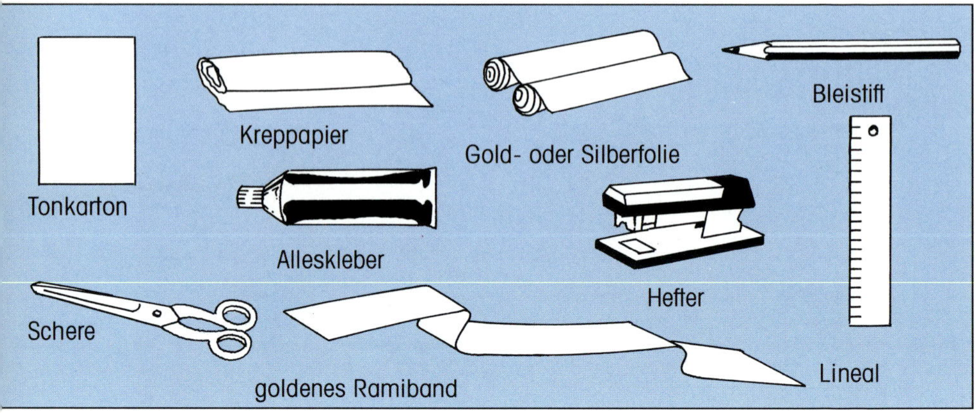

Das ist ja wie im Märchen! Ein Prinz mit langen dunklen Haaren oder eine Prinzessin mit goldenen Locken, wäre das nicht auch etwas für dich? Die Perücke ist schnell gebastelt, die Krone auch. Die Länge der Haare kannst du selbst bestimmen. Die angegebenen Maße sind nur als Vorschlag für dich gedacht. Viel Spaß dabei – du wirst staunen, wie verändert du aussiehst!

1 Pause 1 Stirnband vom Vorlagebogen auf gelben oder braunen Tonkarton. Das Band für den Prinzen ist 3 cm breit und 50 cm lang, das für die Prinzessin 3 cm breit und 40 cm lang. Schneide es aus und zwicke die Enden mit dem Hefter passend zusammen.

2 Für die Haare des Prinzen schneidest du 4 Streifen Kreppapier ab, die 3 cm breit sein sollen. Jeder der Streifen wird in 4 gleich lange Stücke geschnitten.

3 12 bis 14 dieser langen Streifen faltest du in der Mitte und hängst sie genau zur Hälfte ganz eng auf das Stirnband. Klebe sie dort innen und außen fest. Die kurzen Haare für den Pony werden in die Lücke geklebt.

4 Für die Haare der Prinzessin brauchst du Ramiband. Schneide erst 15 mal 60 cm lange Streifen, dann 5 mal 20 cm lange Streifen von der Rolle ab. Alle Streifen werden über die Schnittkante einer Schere gezogen, damit sie sich wie Locken kringeln. Laß dir dabei helfen.

5 Die Locken der Prinzessin klebst du wie beim Prinzen an, aber nur von außen.

6 Pause deine Krone vom Vorlagebogen auf Silberfolie oder Goldfolie ab. Die Prinzenkrone ist 50 cm lang und 11 cm hoch. Die Krone der Prinzessin ist nur 40 cm lang, aber 13 cm hoch. Schneide deine Krone aus.

7 Passe nun deine Krone dem Stirnband an. Wenn die Krone etwas zu lang sein sollte, kannst du die Enden übereinander kleben oder nachschneiden. Klebe die Krone nun vorsichtig mit Alleskleber von außen auf die Haare. Fertig – jetzt kann das Märchen losgehen!

Das Märchen von den Blumenkindern

Alle Kopfbedeckungen, die man mit diesem Buch basteln kann, kommen in diesem Märchen vor, das ihr jetzt gemeinsam spielen könnt. Zu den Hüten, Blumenkränzen und Kronen könnt ihr euch nach eigenen Ideen mit Kostümen, Tüchern oder Vorhängen verkleiden. Zugehängte Stühle können im Märchen die Berge sein, oder eine Decke die Wüste. Aber setzt für das „Meer“ bitte nicht euer Zimmer unter Wasser, ein großes Tuch tut es auch.

Die 3 Blüten für das Rollenspiel bastelt ihr wie die Blüten für den Blumenkranz, aber mit Stiel. Klebt dafür auf die Rückseite 1 Blüte 1 etwa 20 cm langen Pfeifenputzer an. Und nun viel Spaß beim Theater spielen!

In einem fernen Land lebten zwei Königskinder in einem herrlichen Schloß, glücklich und ohne Sorgen. Not und Krankheit kannten sie nicht. Eines Tages kam ein alter Mann in den großen Schloßpark gehumpelt. Müde setzte er sich auf eine Bank und bat: „Bitte, gebt mir etwas zu trinken. Ich bin einen langen Weg gegangen und deshalb durstig.“ Da lachte die Prinzessin spöttisch und erwiderte hochmütig: „Wer bin ich, daß ich dich bedienen müßte. Du sprichst mit der Prinzessin!“ Und der Prinz fügte unfreundlich hinzu: „Verschwinde aus unserem Garten, oder ich lasse dich fortjagen!“

Da verwandelte sich der Alte plötzlich in einen großen Zauberer und rief mit donnernder Stimme: „Was man sich von euch im Reich erzählt, ist also wahr! Ohne Mitleid seid ihr, hart und hochmütig. Zu Stein sollt ihr werden, da eure Herzen auch aus Stein sind!“ Augenblicklich erstarrten der Prinz und die Prinzessin zu Stein.

Die Jahre vergingen und kaum jemand erinnerte sich mehr an sie. Eines Tages hörte eine gute Fee von ihrem Schicksal, und sie hatte Mitleid mit ihnen. Sie sprach: „Wenn ihr folgende Aufgaben löst, kann ich euch retten. Geht und sucht die Blume der Berge, die Blume der Wüste und die Blume des Meeres und helft ihnen. Bringt zum Beweis, daß ihr dies getan habt, jeweils eine Blüte von ihnen mit. Ich verwandle euch

nun in Marienkäfer, damit ihr eure Aufgabe erfüllen könnt." Der Prinz und die Prinzessin waren sehr unzufrieden mit ihrer neuen Gestalt, doch sie hatten keine andere Wahl. Die beiden zogen los, krabbelten durch Gräserdschungel und über Kieselberge, flogen über Seepfützen und Steinfelder.

Nach langer Wanderung erreichten die beiden ein hohes Gebirge und kletterten mühsam in eisiger Kälte zum Gipfel hinauf. Hier wuchs die Bergblume. „Helft mir, ich erfriere!" rief sie ihnen zu. Doch wie? In ihrer Ratlosigkeit baten die 2 Marienkäfer die Sonne: „Sonne, Sonne, hilf geschwind, rette uns das Blumenkind!"

Da schickte die Sonne ihre Strahlen zur Erde herab und wärmte die Bergblume. Zum Dank schenkte die Bergblume den Käfern eine ihrer Blüten.

Viele Tage krabbelten sie weiter und fanden endlich die Wüstenblume. „Helft mir, ich verdurste!" rief sie ihnen entgegen. Doch wie? In ihrer Not baten die Marienkäfer den Regen: „Regen, Regen, komm geschwind, rette uns das Blumenkind!" Da tränkte der Regen die Blume, und sie schenkte ihnen zum Dank eine ihrer Blüten. Nach langem Flug über Hügel und Täler erreichten sie das Meer und entdeckten die Meeresblume. „Helft mir", rief sie ihnen zu, „die Wellen treiben mich fort!" Doch wie? Verzweifelt baten die beiden Käfer den Wind: „Wind, Wind, komm geschwind, rette uns das Blumenkind!" Der Wind blies die Blume zum Ufer zurück. Zum Dank schenkte ihnen die Meeresblume eine ihrer Blüten.

Plötzlich war die Fee wieder da und zauberte alle drei ins Schloß zurück. Sie sprach: „Der Zauberer wartet schon auf euch.

Er will sehen, ob ihr eure Aufgaben erfüllt habt. Zeigt ihm zum Beweis eure 3 Blüten." Da kam der Zauberer auch schon herbei. Er blickte auf die 3 Blüten und sprach: „Ich sehe, daß ihr eure Aufgaben gelöst und euch auch geändert habt. Alles, was geschah, soll euch eine Lehre sein, wenn ihr eines Tages euer Land regiert. Seid freundlich, großmütig, gerecht und hilfsbereit. Dann werdet ihr euer Land klug regieren." Der Zauberer nahm die Blüten und berührte mit ihnen die beiden Marienkäfer. Siehe da, vor ihm standen der Prinz und die Prinzessin. Die beiden waren glücklich über ihre alte Gestalt. Sie wurden König und Königin. Wegen ihrer Güte und Weisheit lobte man sie weit über die Grenzen ihres Landes hinaus.

Ende